AF259858

MADAGASCAR

PAR

L. CHATEL

CONTENANT :

PREMIÈRE PARTIE

*Situation géographique et topographique.
Configuration du terrain. — Climat. — Population.
Agriculture. — Industrie. — Commerce*

DEUXIÈME PARTIE

*Résumé de l'histoire générale de l'île. — Considérations
générales. — Colonisation.*

Prix du volume broché : **60** centimes.

EN VENTE

Chez tous les Libraires, dans les Kiosques, dans les Bibliothèques des Gares,
et chez tous les Marchands de Journaux.

DÉPOT GÉNÉRAL

Chez l'Auteur, à GOUVETS, par TESSY (Manche).

MADAGASCAR

PAR

L. CHATEL

CONTENANT :

PREMIÈRE PARTIE

Situation géographique et topographique.
Configuration du terrain. — Climat. — Population.
Agriculture. — Industrie. — Commerce

DEUXIÈME PARTIE

Résumé de l'histoire générale de l'île. — Considérations
générales. — Colonisation.

Prix du volume broché : **60** centimes.

EN VENTE

Chez tous les Libraires, dans les Kiosques, dans les Bibliothèques des Gares,
et chez tous les Marchands de Journaux.

DÉPOT GÉNÉRAL

Chez l'Auteur, à GOUVETS, par TESSY (Manche).

PRÉFACE DE L'AUTEUR

Cette brochure n'a aucune portée scientifique, l'auteur ne saurait y prétendre ; elle n'a pas davantage de but spéculatif, car le bas prix auquel elle est vendue est moins fait pour enrichir son auteur, que pour en permettre l'accès aux classes les moins aisées.

L'unique préoccupation de l'auteur a été de tenter la vulgarisation en France, et parmi les diverses classes de la société, de l'étude des questions coloniales, ainsi que des principes les plus élémentaires de géographie commerciale et de colonisation.

La question de Madagascar étant aujourd'hui d'actualité et tous les regards étant tournés vers ce point, l'auteur a pensé qu'il serait bon de profiter de cette circonstance pour lui faciliter le moyen de faire arriver, même chez les personnes les plus indifférentes, les premières notions des principes énumérés plus haut.

C'est dans cette pensée, qu'il a résumé en une brochure qu'il s'est efforcé de rendre aussi succincte que possible, les divers renseignements qu'il a recueillis sur cette grande île, qui prochainement va devenir une colonie française, et dont les ressources naturelles innombrables permettraient de tirer avantageusement parti.

Voilà, exposées en quelques lignes, les circonstances qui ont déterminé l'auteur à écrire cette brochure et le but qu'il a poursuivi.

MADAGASCAR

PREMIÈRE PARTIE

I

Situation.

La grande île de Madagascar est située sur la côte sud-est de l'Afrique, dont elle est séparée par le canal de Mozambique, vaste détroit qui ne mesure pas moins de 700 kilomètres de largeur sur 1.400 kilomètres de longueur.

Le canal de Mozambique, dont nous venons de parler, baigne l'île dans toute sa longueur du côté de l'ouest et nord-ouest ; de tous les autres côtés, elle est baignée par l'Océan Indien.

La superficie totale de l'île est de 590.000 kilomètres carrés, c'est-à-dire qu'elle est plus grande que la France ; elle s'étend entre les 12° et 26° de latitude sud, 41° et 48° de longitude est. Elle a environ 1.400 kilomètres dans sa plus grande longueur et 550 dans sa plus grande largeur. Elle présente une étendue de côtes dont le développement total est de 3.000 kilomètres.

Forme.

L'île de Madagascar a la forme d'un quadrilatère irrégulier, dont le plus grand côté regarde l'est, les deux autres l'ouest et le nord-ouest, et le quatrième, beaucoup plus petit que les autres, regarde le sud.

Avantages de sa situation.

La situation de Madagascar, au milieu de l'océan et sur la route des Indes, en passant par le Cap, lui donne des avantages incontestables.

D'abord, la brise de mer en y arrivant de tous les côtés renouvelle l'air, et, en abaissant la température, adoucit le climat.

D'autre part, comme nous le disions tout à l'heure, elle a l'immense avantage de se trouver sur la route des navires européens qui passent par le Cap de Bonne-Espérance, pour se rendre aux Indes ou en Australie ; et le cas échéant où le canal de Suez viendrait à être fermé ou bloqué, en outre que la grande île deviendrait un lieu de ravitaillement tout indiqué pour les navires, elle deviendrait aussi une position stratégique de premier ordre.

Enfin, le développement considérable de ses côtes, tout en offrant aux navires un grand nombre d'abris sûrs et faciles, lui donnera dans un avenir prochain, beaucoup de facilités pour ses transactions commerciales.

II

Configuration du terrain.

Une longue chaîne de montagnes, d'une altitude variant entre 1.000ᵐ et 2.000 mètres, et s'élevant même jusqu'à 2.600 mètres à ses sommets les plus élevés, longe la côte est de l'île, depuis le nord jusqu'au sud. Cette chaîne atteint son plus grand développement vers le milieu de sa longueur ; c'est aussi vers cet endroit que se trouvent ses plus hauts sommets. A partir de ce point central de l'île, elle s'en va en se rétrécissant vers le nord tout en conservant une élévation moyenne de 1.000ᵐ à 1.200 mètres. Vers le sud la dépression s'accentue davantage et tout en se rétrécissant, comme dans le nord, elle va en s'abaissant graduellement, jusqu'à ce qu'elle atteigne la limite extrême de l'île, où elle n'a plus à cet endroit que 200 mètres environ d'élévation et se termine en promontoire à quelques kilomètres au sud de l'ancien établissement français de Fort-Dauphin.

De cette chaîne de montagnes à peu près parallèle à la longueur de l'île et qui, vers l'est, prend pied jusque dans la mer, s'étendent vers l'ouest des ramifications qui diminuent de hauteur à mesure quelles s'éloignent de la chaîne principale et qui s'étendent sur les deux tiers de la surface de l'île ; le reste est couvert de chaines de collines courant du nord au sud parallèlement à la côte, et d'une altitude moyenne de 200ᵐ à 300 mètres. Quelques points, cependant, sur le littoral de la côte est et nord-ouest, d'ailleurs peu étendus, sont absolument plats et le relief du sol en ces endroits, est à peine de quelques mètres au-dessus du niveau de la mer ; les rivières qui passent à travers ces terrains, avant de se jeter à la mer, forment sur quelques points des marécages, dont une partie est utilisée par les indigènes pour la culture du riz.

Cette quantité innombrable de collines et de coteaux, tout en donnant au pays un aspect magnifique, avec des paysages comme on n'en voit pas en Europe, donnent naissance à autant de ruisseaux et de rivières aux bords enchanteurs, avec leur végétation luxuriante et toujours fleurie.

Nature du sol arable.

La couche arable, si l'on en excepte quelques points de la région du sud et des montagnes, terrains dont l'aridité naturelle ne saurait être combattue avec succès ; le reste de l'île comprend un terrain généralement ni trop sec, ni trop humide ; ce sol est riche, mélangé à un grand nombre de débris organiques et propre à toute culture. Mais les indigènes, fussent-ils animés des meilleures intentions, ne sont pas en nombre proportionné à l'étendue du terrain, ce qui fait que les trois quarts de l'île, au moins, restent sans culture, livrés aux plantes sauvages, qui s'y développent avec un luxe de végétation extraordinaire. Les forêts occupent la plus grande partie de ces terrains qui cependant valent de l'or, mais que le manque de bras ou l'indifférence ont condamnés à rester dans cet état.

Quant aux plantes qui composent ces forêts, elles comprennent à peu près toutes les essences des pays chauds : le cocotier, le ricin, le sésame, les arachides, les pistaches, le girofle, le raphia, la vanille, le caoutchouc, et parmi lesquels aussi, beaucoup de bois précieux qui s'échangeraient contre de l'or dans nos ateliers de marquetterie et d'ébénisterie. Et, chose assez rare dans les pays chauds, on y trouve aussi des forêts de pins d'une remarquable beauté.

Fleuves et rivières.

La plupart des nombreux cours d'eau de l'île prennent leur source au sommet de la principale chaîne de montagne. C'est ce point, qui, suivant une ligne latérale à la côte, depuis le nord jusqu'au sud de l'île, marque la ligne de partage des eaux et divise ainsi les cours d'eau en deux bassins principaux, dont l'un déverse ses eaux dans l'océan Indien, et l'autre dans le canal de Mozambique. Mais, ces deux bassins sont loin d'avoir une importance égale ; tandis que celui de l'ouest, qui déverse la majeure partie de ses eaux dans le canal de Mozambique, a des fleuves qui ont une longueur de 350 et 400 kilomètres et qui sont navigables sur une bonne moitié de leur cours, le bassin de l'est, qui déverse ses eaux dans l'océan Indien ne comprend que des rivières de peu d'importance, souvent même que des torrents coupés de rapides et dont la navigation est souvent impossible, toujours dangereuse.

Quant aux inondations, malgré le grossissement démesuré des cours d'eau au moment de la saison des pluies, elles ne sont jamais à redouter, car si l'on en excepte quelques points bas et marécageux de la côte, le relief du sol est, sur toute la surface de l'île, un sûr garant contre les inondations.

Côtes, principaux ports et abris naturels.

Les côtes de l'île présentent, principalement vers le nord-est et le nord-ouest beaucoup d'échancrures, donnant naissance à des rades magnifiques, pouvant offrir un abri sûr et facile, contre la rigueur des vents et de la houle, à un grand nombre de navires à la fois.

Parmi, ces abris naturels, nous citerons: Tamatave, principal port de l'île sur la côte est ; Vohémar, plus au nord, sur la même côte est; Diégo-Suarez, à l'extrémité nord de l'île, port militaire occupé actuellement par les Français, dans une position admirable; tout au fond d'une baie spacieuse, à l'abri des vents et de la tempête et facile à défendre; cette place est destinée à devenir un point stratégique d'une importance considérable.

La partie sud-est et sud-ouest de l'île est beaucoup moins favorisée à ce point de vue ; il ne se trouve guère que deux points suffisamment abrités, Fort-Dauphin, à l'extrémité de la côte est, et la baie de St-Augustin sur la côte ouest.

III

Climat.

Malgré sa position, relativement proche de l'équateur, l'île de Madagascar ne partage pas le climat de la plupart des pays situés dans la même zone. La conséquence en est due à deux causes principales qui sont: 1° la position oblique du globe terrestre par rapport aux rayons du soleil, ce qui fait que toutes les régions situées au sud de l'équateur sont moins chaudes, étant donné le même degré de latitude que celles situées au nord et à égale distance de l'équateur. 2° La seconde cause qui fait que le climat de Madagascar est beau plus uniforme et plus tempéré que les terrains des continents situés sous une latitude égale, même au sud de l'équateur, est la brise de mer, qui l'entoure de tous côtés et qui tout en diminuant la chaleur torride des rayons solaires, renouvelle l'air et assainit le climat, ce qui fait que l'on jouit dans cette grande île d'un climat d'une salubrité parfaite, où les fièvres qui sont toujours à redouter dans les pays chauds, ne sont guère à craindre ici, même pour l'Européen. Je ferai exception cependant pour quelques points de la côte nord-ouest, où les émanations insalubres des rizières et des marécages ont provoqué quelques cas de fièvre intermittente, chez les rares explorateurs ou colons qui y ont séjourné.

Mais, ces quelques faibles régions insalubres, fussent-elles dix fois plus étendues ne doivent pas être pour nous surprendre, dans un pays aussi vaste que Madagascar ; la

France n'a-t-elle pas ses Dombes et sa Sologne, l'Italie ses marais Pontins ? Ce qui ne les empêche pas d'être des pays essentiellement salubres.

A part les quelques exceptions énumérées plus haut, toute la surface de l'île est d'une salubrité parfaite.

Température moyenne de l'année.

La température moyenne de l'année, pour toute la surface de l'île est de 25° centigrades, mais la différence de latitude entre le nord et le sud, qui est de 14°, ainsi que la différence entre la partie montagneuse et les parties basses de l'île, comprend forcément des températures moyennes qui diffèrent sensiblement entre elles. C'est ainsi qu'elle atteint quelquefois jusqu'à 45° et 46° dans la région du nord et du nord-ouest, mais la moyenne dans cette région est de 30°, tandis qu'elle ne dépasse guère 20° à 22° dans l'extrême sud et dans la région des montagnes, avec une moyenne de 12° à 14° et qu'elle s'abaisse dans la région montagneuse, jusqu'à 5° centigrades.

Dans la région montagneuse qui s'étend sur toute la partie est de l'île, on y trouve suivant l'altitude, depuis le climat chaud de la plaine jusqu'au climat tempéré analogue à celui de la France. Le climat glacial ou des neiges éternelles y est inconnu, l'altitude extrême des montagnes ne dépassant guère 2.000 mètres. (*Le mont d'Ankaratra, au sud de Tananarive, atteint seul une altitude de 2.600 mètres; c'est le point culminant de l'île.*)

Saisons.

A Madagascar, comme d'ailleurs dans tous les pays situés entre les tropiques, l'année se compose de deux saisons : la saison sèche et la saison des pluies. La saison sèche s'étend depuis le mois d'avril, jusqu'en novembre et la saison des pluies depuis la fin de novembre à retourner aux premiers jours d'avril; c'est pendant la saison des pluies que se produisent les plus grandes chaleurs. Pendant la saison sèche, la rosée, infiniment plus abondante qu'on ne peut se le figurer en France et même en Europe, fournit amplement toute l'eau nécessaire à la végétation des plantes; d'ailleurs, des sources d'eau vive et des ruisseaux nombreux sont susceptibles d'être utilisés pour l'arrosage des moissons et des plantes et pour l'irrigation des prairies.

Pendant la saison des pluies, les inondations, qui, dans certains pays tropicaux, au Sénégal, par exemple, sont un véritable fléau, ne sont jamais à craindre ici ; le relief du sol, comme nous l'avons déjà dit au chapitre II, est un gage de sécurité qui rend toute inondation absolument impossible.

Perturbations atmosphériques.

Le seul fléau, qui, au moment des équinoxes de printemps et d'automne, pourrait occasionner quelques dégâts, c'est le cyclone, et encore ses effets sont-ils beaucoup moins redoutables à l'intérieur que sur les côtes.

Les orages, quoiqu'assez fréquents pendant la saison des pluies, principalement dans la région montagneuse, n'occasionnent que bien rarement des désastres.

Vents dominants.

Deux espèces de vents ou, pour parler plus clairement, deux courants atmosphériques distincts soufflent alternativement sur l'île. Ces courants alternatifs produisent ce que l'on appelle la mousson d'hiver et la mousson d'été. Ce phénomène atmosphérique, particulier aux pays baignés par l'océan Indien, n'est pas du tout semblable à ce qui se produit en France, où souvent les vents changent de direction même plusieurs fois dans l'espace d'une journée ; mais, à Madagascar, ils maintiennent leur direction pendant plusieurs mois consécutifs. Ainsi, depuis le mois d'avril à retourner au mois d'octobre, ils soufflent constamment du sud-ouest vers le nord-est : c'est la mousson d'hiver ; et pendant l'autre partie de l'année, c'est-à-dire d'octobre en avril, ils soufflent du nord-est vers le sud-ouest : c'est la mousson d'été. Ce phénomène produit un courant alternatif d'air froid quand il vient du sud-ouest et d'air chaud quand il vient du nord-est.

En dehors de ces courants alternatifs d'air froid et d'air chaud, il en existe un autre, qui constitue ce que l'on appelle les vents alizés. Ces vents particuliers aux pays situés entre les tropiques, soufflent continuellement de l'est à l'ouest et comme ils suivent toujours la même direction sans s'écarter ni se rapprocher sensiblement de l'équateur, ils conservent une température à peu près constante et égale à la température moyenne des pays qu'ils traversent.

Ces vents sont pour beaucoup dans la température de Madagascar. Comme, avant d'y arriver, ils ont traversé l'océan Pacifique et l'océan Indien dans toute leur largeur et que la température de l'océan est toujours moins élevée et beaucoup plus uniforme que celle des continents, les vents qui les traversent ont une température plus douce et plus régulière et, par cela même, en atténuant la chaleur des vents tropicaux, ils rendent le climat de l'île plus doux et plus sain et par conséquent plus supportable.

IV

Population.

L'île de Madagascar comprend une population d'environ *deux millions et demi* d'habitants, ce qui n'est pas bien fort, si l'on compare le chiffre de la population à la grandeur territoriale de l'île. Cette population est divisée en plusieurs peuplades ou tribus, dont la principale, et la seule qui ai une forme quelconque de gouvernement, est la tribu des Hovas.

Le gouvernement de cette tribu étend sa domination plus ou moins contestée sur toutes les autres peuplades de l'île, mais, le pays plus particulièrement occupé par cette tribu, et celui aussi où son influence est plus prépondérante, est la partie située au centre et à l'est de l'île, et qu'on désigne sous le nom de plateau de l'Imérina.

Races.

La tribu hova appartient à la race malaise, laquelle race on retrouve chez les indigènes des grandes îles de l'Océanie.

Cette race se distingue par une taille généralement élevée, les traits de la figure ayant de l'analogie avec les individus de race blanche du nord de l'Afrique ; mais leurs cheveux sont noirs, quelque peu crépus et la couleur de la peau et de la figure est chocolat ou cuivrée.

Les autres tribus, dont la principale et la plus nombreuse après celle des Hovas, est celle des Sakalaves, sont de race nègre analogue à celles des indigènes de l'Afrique australe.

Mœurs.

Tous ces indigènes sont de mœurs simples et généralement timides ; néanmoins, la fourberie et le vol, ainsi que la superstition, qui sont les vices habituels des peuples à demi-civilisés ou sauvages, ne sont pas absolument inconnus non plus parmi eux et les Européens, qui jusqu'ici ont été en relations avec eux, soit en matière de commerce ou de politique, ont toujours eu à compter avec ces défauts de race, qui sont le privilége habituel de l'ignorance et de la demi-civilisation.

Les indigènes se rendent compte instinctivement de la supériorité d'intelligence et de civilisation que la race blanche possède sur la leur. C'est ce qui explique la manie qu'ils ont de vouloir imiter l'Européen, soit dans leurs travaux ou dans leurs manières et jusque dans leurs rapports officiels ; mais ils n'arrivent jamais qu'à le singer grossiè-rement. Ils sont généralement disposés aussi à suivre les conseils que leur suggèrent les individus de race blanche, mais, par malheur, cette disposition, qui semble pourtant bonne au premier abord et qui en elle-même n'est pas mauvaise et qui pourra peut-être nous rendre des services plus tard, a été jusqu'ici exploitée dans un but contraire à nos intérêts, et l'influence incontestée des missionnaires anglais auprès du gouvernement hova en est une preuve facile à saisir, et elle doit nous faire voir que notre indifférence pour contrebalancer l'influence étrangère, dans un pays où notre influence seule devrait être connue et respectée, nous a causé des ennuis, qu'il nous aurait peut-être été facile d'éviter.

Langues

La langue malgache, familière à tous les indigènes de l'île est à peu près la seule comprise des indigènes disséminés dans l'intérieur de l'île. Mais, dans les localités maritimes du littoral, ainsi que dans la capitale Tananarive, et surtout chez les individus appartenant à la classe des fonctionnaires et de l'entourage de la cour, l'anglais se parle assez couramment et est toujours bien compris. Le français est également compris et parlé par les indigènes, dans le voisinage des établissements des missions catholiques ; cependant, ceux qui parlent notre langue sont relativement peu nombreux.

Instruction.

C'est aussi chez la seule tribu des Hovas, que l'on rencontre quelques notions d'instruction. Une école normale, servant à recruter des instituteurs malgaches, est alimentée par les indigènes et dirigée par les missionnaires protestants établis à Tananarive. Quelques instituteurs indigènes ont été aussi instruits par les missionnaires catholiques, mais le nombre en est restreint.

Quant à l'enseignement supérieur, il n'existe nulle part à Madagascar.

Cultes.

La plus grande partie de la population est fétichiste. Cependant, la population presque totale de quelques villes du centre et de l'est de l'île, telles que, Tananarive, la capitale ; Tamatave, Andovoranto, Mahanoro, et quelques autres de moindre importance, après avoir été évangélisées par les missionnaires protestants et catholiques, ont embrassé en grand nombre l'une ou l'autre de ces deux religions, principalement le protestantisme.

Forme de gouvernement.

Le gouvernement de la tribu des Hovas est confié à une reine, mais c'est le premier ministre, qui ordinairement est le mari de la reine, qui traite toutes les affaires. Encore ne les traite-t-il qu'en sous ordre, car ce sont les missionnaires protestants de la Société biblique de Londres, installés à Tananarive, qui sont les véritables chefs du gouvernement, et c'est à leur instigation que se prennent toutes les résolutions de la cour, de quelque nature qu'elles soient.

Nous avons dit déjà plus haut, que le gouvernement de la reine étendait sa domination, plus ou moins contestée, sur toutes les autres peuplades de l'île.

Armée, mode de recrutement.

D'après la loi sur le recrutement, promulguée par la reine en 1879, tout homme valide et libre, âgé de 18 ans, doit accomplir au moins cinq années de service, davantage si le gouvernement le juge nécessaire.

C'est bien là le texte de la loi, mais, comment opérer le recrutement dans un pays où le recensement de la population ainsi que la tenue des registres de l'état-civil n'existent pas. Enfin, voici comment on procède : quand le premier ministre veut faire une levée, il convoque à la cour tous les chefs de districts et il leur demande le nombre d'hommes qu'ils sont en mesure de fournir ; sur ces données plus ou moins arbitraires, le premier ministre fixe l'effectif du contingent qui, en temps de paix, est ordinairement de 15 000 à 20.000 hommes. Aujourd'hui, au moment où les hostilités commencent avec la France, l'effectif de 37.000 hommes a été atteint à grand'peine ; encore, si c'étaient des hommes valides, mais, les chefs de districts étant les seuls arbitres de leur recrutement, il s'ensuit qu'ils exemptent ceux dont ils ont besoin ou ceux de qui ils reçoivent des présents, de sorte que, pour combler les vides ainsi creusés, on prend de force des jeunes gens à peine âgés de 15 ans, des borgnes, des boiteux.

Exception faite des 5.000 à 6.000 hommes, formant la garde de la reine et qui ont reçu quelques notions d'instruction militaire et de tir, l'armée hova ne possède aucune instruction militaire et, de plus, elle est absolument indisciplinée.

L'absence de discipline et le manque d'autorité dans le commandement occasionnent dans l'armée des défections journalières qui, quelquefois, s'étendent à plus de la moitié de l'effectif total. Ces défections de l'armée hova ne sont pas surprenantes, quand on sait aussi que cette armée est dénuée de tout : sans armes, sans habits et bien souvent sans vivres ; pourtant ce ne sont pas les porteurs qui manquent, car, en campagne, l'armée hova comprend trois porteurs pour deux guerriers ; mais cet état de choses ne sert qu'à créer des bouches inutiles et à affamer encore plus vite la colonne, quand on éprouve déjà tant de difficultés pour le ravitaillement. Aussi, ne faut-il pas s'étonner que, dans ces conditions, les soldats désertent par milliers.

Sous le nom d'École des Cadets de la reine (les cadets de la reine sont une espèce de classe privilégiée de noblesse qui existe là-bas), le *colonel Shervington*, ancien sous-officier anglais au service des Hovas, a créé à Madagascar, une espèce d'école militaire destinée au recrutement des officiers. Mais, malgré tous ses efforts et sa bonne volonté, les officiers malgaches, qui sortent de cette école, ne sont guère plus expérimentés, ni plus instruits que les soldats qu'ils commandent. Ils ne possèdent aucune notion de tactique militaire et n'apportent aucune fermeté dans le commandement.

Habillement.

L'habillement des soldats (quand ils ont le bonheur de posséder ce luxe), ainsi que celui des indigènes, se compose de quelques mètres de toile de coton aux couleurs éclatantes, avec lesquels ils se vêtissent d'une manière plus ou moins habile et plus ou moins recherchée, suivant la position qu'ils occupent dans la société et aussi suivant les usages de chaque contrée. La coiffure se compose, pour quelques-uns, d'un chapeau à larges bords, fait de paille de riz, d'autres portent, enroulée autour de la tête, une pièce d'étoffe, qui leur sert de toque ou de turban. Mais un grand nombre d'indigènes, les femmes surtout, sont toujours tête nue.

Quant aux chaussures, leur usage est inconnu parmi les indigènes.

Alimentation.

Le riz est la base de la nourriture des indigènes de l'île, mais ils y joignent souvent des fruits, des œufs, quelquefois un peu de viande, mais rarement cette dernière et seulement chez les classes aisées. Le peuple est généralement très sobre.

La boisson des indigènes se compose d'eau qu'ils ont préalablement fait bouillir avec le riz et dans laquelle ils versent quelques gouttes de tafia. A ce propos, il est à remarquer qu'à Madagascar, on doit toujours avoir la précaution de faire bouillir l'eau avant de s'en servir pour la boisson, parce que cette eau contient presque toujours des débris organiques en suspension ou en dissolution et que, sans cette précaution, son influence pourrait devenir funeste pour la santé.

V.

Animaux domestiques.

Toutes les espèces principales d'animaux domestiques de l'Europe, le cheval, le mouton, le porc et le bœuf, sont depuis longtemps acclimatées à Madagascar, mais, parmi ces animaux, c'est surtout le bœuf qui est le plus répandu ; et, presque partout, c'est lui qui sert de bête de trait et de somme. Un bœuf, à Madagascar, s'acquiert facilement pour une somme de 30 à 40 francs. Il est vrai que ce ne sont pas des animaux de race sélectionnée, mais c'est égal, ce n'est pas cher.

Les chevaux y sont assez rares.

Le mouton mériterait également d'y occuper une place plus grande qu'il n'y occupe actuellement. On pourrait en dire autant du porc. Cependant, leur prix de revient n'est pas bien élevé, car on se procure facilement un porc ou un mouton pour une valeur de 2 à 3 francs.

La poule est à peu près le seul oiseau de basse-cour qui existe à Madagascar, mais, en revanche, elle est très répandue.

Animaux sauvages.

Les forêts de l'île renferment un certain nombre de petits animaux sauvages inoffensifs, rongeurs et carnassiers, d'espèces analogues à celles que l'on rencontre dans les forêts de l'Afrique australe. Mais aucun des grands animaux sauvages qui, pourtant, vivent en si grand nombre dans les forêts des pays tropicaux et dont la présence est plus ou moins nuisible ou dangereuse pour l'homme, n'existent à Madagascar.

Dans les forêts de l'ile, aucun animal féroce, aucun serpent venimeux ne sont à redouter ; l'explorateur ou le touriste qui les parcourent n'ont pas à se précautionner contre les attaques de ces animaux ; ce serait superflu, car ici, ils n'existent pas. Quelques petits rongeurs ou carnassiers, quelques petits serpents ou lézards, d'ailleurs aussi inoffensifs les uns que les autres et un grand nombre d'oiseaux aux vives couleurs, voilà ce que l'on rencontre dans les forêts de Madagascar.

VI.

Agriculture.

La principale culture de l'île est la culture du riz, car, comme nous l'avons déjà dit plus haut, c'est le riz qui forme la base de la nourriture des indigènes. Mais cette culture, à cause de la grande quantité d'eau qui lui est nécessaire pour les développement de sa végétation, ne peut être pratiquée que sur certains points assez restreints de l'île. Cette culture se confine aux parties basses qui avoisinent les fleuves et rivières dans leur cours le plus inférieur. Quelques marécages d'eau douce qui avoisinent le littoral à l'est et au sud-ouest de l'île, sont aussi utilisés pour cette culture.

Une autre espèce de riz, appelé riz de montagne et qui n'exige que peu ou point d'eau pour le développement de sa végétation, ainsi que le manioc, sont des plantes cultivées par les indigènes.

En outre de ces cultures, on pratique depuis une dizaine d'années, dans la région centrale de l'île, la culture de l'orge et du maïs. La connaissance de ces deux plantes et leur introduction chez les indigènes est due à l'initiative colonisatrice de l'influence anglaise, car ce sont les missionnaires anglais qui les ont introduites dans le plateau de l'Imérina, et qui en ont vulgarisé la culture parmi la tribu des Hovas; encore convient-il d'ajouter que cette culture est très restreinte.

En dehors des cultures ci-dessus mentionnées, les indigènes, sous la direction habile de quelques colons européens et souvent pour le compte de ces derniers, cultivent, principalement dans la région du nord et du centre, des plantations de canne à sucre, de coton et de café.

Ces plantations ont donné aux colons qui les ont pratiquées ou fait pratiquer, des résultats magnifiques et bien dignes de fixer l'attention de nos nationaux désireux de suivre la trace de ces premiers devanciers, pourvu toutefois qu'ils réunissent les conditions voulues pour amener à bien leur entreprise. Ces conditions sont de deux sortes, savoir : 1º de disposer du capital nécessaire à l'exploitation ; 2º de connaître les conditions de culture particulières à chacune de ces plantes. (Nous y reviendrons dans la deuxième partie de ce livre et nous expliquerons le sujet plus longuement.)

Industrie.

A part quelques mines de cuivre et quelques gisements aurifères, pour la plupart exploités par des Européens, l'industrie indigène peut se considérer comme nulle. Le peu de vêtements et d'outils dont ont besoin les indigènes, leur vient en entier du dehors, principalement d'Angleterre et des Etats-Unis.

Cependant, l'industrie trouverait, dans le grand nombre et la variété des produits du pays, le moyen d'employer utilement et avantageusement toutes les ressources qu'il lui plairait de mettre en œuvre, tant en hommes qu'en capitaux. L'industrie minière principalement serait susceptible de prendre de grands développements, en raison des minéraux de toute sorte que renferme le sol de l'île, car on y trouve en abondance le fer, le cuivre, l'étain, le mercure, l'argent, l'or et aussi, richesse inestimable, et qui met tous les autres en œuvre, le charbon. Et toutes ces richesses sont là enfouies depuis le commencement du monde, sans que l'activité fiévreuse de l'industrie moderne ait jusqu'à ce jour songé à en tirer profit.

Commerce.

Le commerce d'importation porte surtout, comme nous l'avons dit plus haut, sur les objets manufacturés: les tissus et les outils. Depuis quelques années, les vins entrent aussi pour un certain chiffre dans le commerce d'importation ; c'est principalement le commerce français qui a le monopole de cette importation.

Le commerce d'exportation comprend principalement le riz, le maïs, les bois précieux, le sucre brut, le coton et le café, (ces trois dernières denrées fournissant aujourd'hui un chiffre relativement peu élevé à l'exportation sont destinées dans un avenir prochain à augmenter le commerce d'exportation dans des proportions considérables) ; parmi les métaux, l'or et le cuivre.

Voies de communication.

Un obstacle qui jusqu'ici a opposé une barrière infran-chissable au développement des trois branches indiquées ci-dessus, (agriculture, industrie, commerce) est l'absence à peu près totale de voies de communication. Pas une route qui mérite ce nom, pas un kilomètre de chemins de fer ; mais seulement des sentiers, qui courent d'une localité à l'autre en traversant les forêts, les rivières, les ravins et toujours sans tenir compte des irrégularités du sol.

Avec des voies de communication pareilles, les transports par terre deviennent presque impossibles. Quant ils sont néanmoins absolument nécessaires, ils se pratiquent ou à dos de bœufs ou le plus souvent à dos d'hommes; ce qui n'est, comme on le voit, ni bien facile, ni bien expéditif, surtout quant il s'agit de franchir de grandes distances avec de lourds fardeaux.

Dans les endroits où les rivières sont navigables, les transports s'effectuent par eau, au moyen de longues pirogues formées la plupart du temps d'un gros tronc d'arbre creusé en forme d'auge. Le transport par eau, dans ces conditions, n'est guère plus pratique que le transport par terre.

Comme on le voit par ce qui précède, ces moyens de locomotion et de transport sont très primitifs et tant que lés nécessités croissantes de la colonisation ne les auront pas transformés, ils seront un obstacle insurmontable pour le développement du commerce et de l'industrie dans l'intérieur de l'île et aussi pour les progrès de la civilisation.

MADAGASCAR

DEUXIÈME PARTIE

I

Résumé de l'histoire générale de Madagascar, depuis sa découverte jusqu'à nos jours.

Madagascar a été découvert par les Portugais, vers l'an 1610 et, dès l'an 1620, des marins français partis de Dieppe, avaient exploré les côtes de l'île et, en 1638, ils s'établissaient dans la baie de Sainte-Lucie, sur la côte sud-est. En l'année 1644, ils abandonnaient cet établissement pour fonder Fort-Dauphin, à l'extrémité de la côte sud-est, et qui devenait leur point de refuge en même temps que leur port de commerce.

En 1664, Colbert fondait la Compagnie des Indes et lui concédait moyennant certaines redevances l'île entière de Madagascar, qui prit alors le nom de *France orientale ;* cette Compagnie n'ayant pas réussi dans ses entreprises de commerce et de colonisation abandonna l'île quelques années seulement après sa fondation.

En 1791, le citoyen Lescalier fut envoyé à titre de commissaire civil, à Madagascar, par l'Assemblée législative, pour y représenter la France et y faire respecter ses droits ; la Convention nationale le maintint dans ses fonctions. Pendant son séjour, il conclut un traité de paix et d'amitié avec un des principaux chefs indigènes de l'île ; ce traité fut ratifié par l'Assemblée nationale dans sa séance du 13 avril 1793.

En 1801, le général Decaen décida que Tamatave serait le chef-lieu de nos possessions à Madagascar ; les Anglais s'en emparèrent en 1811, mais nos droits sur l'île furent respectés et consacrés de nouveau par le traité de 1814.

En 1841, les Sakalaves, tyrannisés par les Hovas, s'étaient mis d'eux-mêmes sous le protectorat français et, à cette époque, des traités furent passés avec les principales tribus. C'étaient ces traités que les Hovas violèrent en 1883, ce qui occasionna notre intervention qui se termina par le traité de 1885 ; par ce traité, les Hovas reconnaissaient notre protectorat sur l'île entière : un résident installé à Tananarive devait être l'intermédiaire obligé de toutes les relations extérieures du gouvernement de Madagascar ; la baie de Diégo-Suarez devait être occupée par nous ; des avantages devaient être faits à nos colons. En outre, le gouvernement hova devait payer dix millions d'indemnité et, comme gage, le gouvernement français devait garder le port et les douanes de Tamatave jusqu'à paiement de cette indemnité. C'est la violation successive des diverses clauses de ce traité, laquelle violation, il faut bien le reconnaître, a été encouragée par les menées anglaises, qui vient de nous forcer à intervenir de nouveau. Espérons que c'est pour la dernière fois, que la campagne actuelle sera menée avec assez de vigueur et que les mesures qui suivront seront prises avec assez de fermeté pour qu'il n'y ait plus à recommencer.

II

Considérations générales sur Madagascar. Colonisation.

Le corps expéditionnaire, qui poursuit en ce moment ses opérations militaires à Madagascar, ne laisse de doute pour personne, quant à l'issue de cette campagne, qui nous sera forcément favorable. Il est donc probable, sinon certain, qu'à ce moment le Gouvernement français, fort de son droit et soucieux de ses intérêts, fera tout ce qui sera en son pouvoir pour établir d'une manière durable la domination et l'influence française dans l'île.

Pour arriver à ce résultat, il est nécessaire de réunir trois éléments distincts, et ces trois éléments sont essentiels au résultat final de l'entreprise ; agissant séparément, ils arriveraient à un résultat négatif.

Ces trois éléments sont : 1° la bonne volonté et le concours du Gouvernement ; 2° le capital ; 3° le colon. Nous allons expliquer, dans les lignes suivantes, ce que nous entendons par ces trois éléments.

D'abord, la bonne volonté et le concours du gouvernement en vue de la colonisation ; espérons, que de ce côté, nous ne serons pas déçus, car, c'est à l'initiative qui sera donnée par le Gouvernement, que sera subordonnée l'initiative privée dont nous allons parler plus bas. D'ailleurs, le but que le Gouvernement français devra chercher à atteindre à ce moment, sera de tirer tout le parti possible de l'expédition coloniale qui est en cours aujourd'hui, et comment tirer tout le parti possible de l'expédition sans songer à la colonisation, alors surtout que l'influence sera acquise et qu'il ne s'agira plus que de savoir la conserver ?

Le deuxième élément nécessaire à une bonne colonisation, est, avons-nous dit, le capital. Certainement nous ne demandons pas que le Gouvernement donne des garanties d'intérêts aux capitalistes auxquels il plaira d'aller ou d'envoyer faire fructifier leurs capitaux à Madagascar, mais, sans augmenter en rien les charges du Trésor, le Gouvernement peut être pour beaucoup dans l'essor qui sera donné aux capitaux français vers cette île de Madagascar, dont l'étendue territoriale est plus grande que celle de la France, et dont les richesses naturelles sont inépuisables. Pour arriver à ce résultat, il s'agit de vulgariser la connaissance de ces richesses et de démontrer le parti qu'on pourrait en tirer, tant au point de vue du commerce, qu'à celui de l'industrie et de l'exploitation du sol. Eh bien ! ce résultat, c'est sur le Gouvernement que nous comptons pour nous y faire arriver et nous le posséderions déjà pour d'autres points de notre territoire colonial, qui, malgré leurs richesses restent incultes et sauvages, si le Gouvernement eût pris soin de vulgariser chez nous l'étude des questions coloniales ; car, il ne faut pas se le dissimuler, c'est de l'étude approfondie et de la vulgarisation de l'enseignement colonial que nous attendons la solution de ces grands problèmes d'exploitations coloniales, qui nous permettront de retirer tout le profit possible de ces magnifiques domaines, que nous avons acquis au prix des plus lourds sacrifices et qui souvent n'ont servi qu'à assouvir la cupidité avide de nos pires adversaires.

Le Français, plus que tout autre peuple peut-être, porte en lui le goût de la colonisation ; il aime le travail, il aime les entreprises hasardeuses, il aime les horizons inconnus, on pourrait dire que le Français, s'il n'est pas né colon, est né colonisateur. Mais pour arriver à ce résultat, il a besoin d'être encouragé dans ses goûts, on doit stimuler son penchant naturel à la colonisation ; de plus, ses idées ont besoin d'une direction ; rien ne sert de penser, d'échafauder des projets chimériques, s'il ne trouve un champ libre pour pouvoir les mettre à exécution. Pour arriver à ce résultat que faut-il donc? Il faut, je le répète, la vulgarisation de l'enseignement colonial. Tout cela est très bien, me direz-vous, mais il faudra, pour arriver à ce résultat, créer en grand nombre et à grands frais, des écoles spéciales, rétribuer des professeurs, etc., toutes choses qui pèseront d'autant sur le budget de l'Etat, déjà si lourd, hélas! Eh bien ! non, détrompez-vous, point n'est besoin de tout cela, aucune charge nouvelle ne grèvera notre budget, et pourtant, nous arriverons tout aussi sûrement à notre résultat final. Les moyens sont simples, les voici : souvent des fonctionnaires déjà rétribués par l'Etat, tels qu'officiers de marine, résidents généraux, gouverneurs, etc., viennent de temps à autre passer quelques mois en France, soit pour leurs affaires personnelles, soit pour leur santé ; qu'on leur demande de faire une ou deux conférences chaque fois sur le pays qu'ils viennent de quitter ; ils seront heureux et fiers de raconter à leurs compatriotes ce qu'ils ont vu, l'aspect du pays, son climat, les mœurs de ses habitants ; ils pourraient ajouter quelques mots concernant le commerce, l'industrie, les ressources naturelles du pays, et celles qui seraient susceptibles d'être exploitées avec le plus de profit. Mais, là comme partout il faut l'initiative, et l'initiative consisterait dans l'invitation du Gouvernement. Cet enseignement serait pour les hommes faits, pour ceux qui sont arrivés à l'âge de mettre en pratique les renseignements qu'ils viennent de recevoir ; mais il me semble que, dans ce sens, il y aurait aussi quelque chose à faire pour les enfants de nos écoles. Qu'on adjoigne, à la géographie aujourd'hui enseignée dans nos

écoles primaires, un chapitre concernant la géographie
coloniale, dans lequel on apprendra les notions les plus
élémentaires de géographie économique, agricole, indus-
trielle, ayant rapport à notre domaine colonial et à
chaque contrée en particulier, cela s'apprendrait en
quelques leçons, et ce serait suffisant pour le jeune âge,
çà leur permettrait de suivre avec plus de profit les
enseignements qu'ils recevraient plus tard.

De ces enseignements ainsi compris, il en résulterait
deux choses : l'engagement du capital dans les entreprises
coloniales, et le besoin impérieux, nécessaire, d'aller
coloniser.

D'abord, l'engagement du capital. Combien de capitalistes
français, qui, aujourd'hui, ne trouvent plus à placer leur
argent en France, à un taux rémunérateur et qui, avec
une indifférence inconsciente, laissent les capitalistes étran-
gers gagner des millions, là où l'argent français devrait
seul être connu et où il trouverait certainement un
sûr emploi? En serait-il ainsi, s'ils avaient reçu un
enseignement, leur permettant de se rendre compte de
nos richesses coloniales et des profits qu'ils pourraient
retirer de leur exploitation ?

D'autre part, le colon, ce troisième élément nécessaire à
la colonisation, ne se rencontrera qu'autant que
l'enseignement colonial aura été plus développé, car, si cet
enseignement n'est pas mis à sa portée sous toutes ses formes,
et pour ainsi dire sous sa main, comment voulez-vous qu'il
lui vienne la pensée d'aller coloniser des pays dont il n'a
jamais. ou que bien vaguement entendu parler.

Quoique nécessaire et indispensable, la présence du colon
sera cependant moins absolue à Madagascar, que dans
beaucoup d'autres pays où l'on pourrait aller coloniser, et
en voici la raison : ceux qui émigrent dans des pays neufs,
tels que la république Argentine, l'Australie, par exemple,

pour y faire valoir leurs capitaux, ont tout à attendre des colons et sont forcés de les prendre pour auxiliaires dans tous les travaux qu'ils exécutent; la présence du colon y est donc d'une absolue nécessité, ce qui n'est pas sans créer aux capitalistes, quelque embarras, car ces hommes, européens pour la plupart, habitués aux salaires relativement élevés de la vieille Europe, ainsi qu'aux facilités de la vie, et désireux en outre de tirer le plus de profit possible du milieu dans lequel ils se trouvent, se font souvent payer fort cher de leur travail, toutes choses qui seraient de nature à faire réfléchir un capitaliste désireux d'entrer dans une entreprise coloniale. Et cependant même dans les pays que nous avons énumérés plus haut, la plupart des entreprises coloniales qui ont été exécutées ont réussi au-delà des espérances de leurs auteurs. Que sera-ce donc à Madagascar, où l'élément indigène, pourra être utilisé dans tous les travaux de colonisation ? Certainement, il faudra des Européens, des Français, pour la conception des travaux, et pour leur direction, mais, tant que l'élément indigène sera en nombre suffisant, on aura toujours avantage à se servir de cette main d'œuvre, pour les exécuter, d'abord parce qu'elle coûtera, beaucoup moins cher, et aussi qu'étant naturalisés depuis longtemps dans le pays, les indigènes sont plus aptes à supporter les fatigues du climat. D'ailleurs, les indigènes ont l'amour du travail, mais leur ignorance et leur manque de civilisation ne leur permettent pas d'en exécuter ni de bien sérieux, ni de bien profitables. Pour arriver à des résultats, il faut nécessairement qu'ils soient dirigés et conduits par des Européens, qui auront appris chez eux toutes les ressources qu'on peut tirer d'un pays, tant au point de vue agricole, qu'à celui du commerce et de l'industrie.

La première pensée pour le capitaliste émigrant, doit être l'exploitation du sol et de ses richesses naturelles. En premier lieu, nous citerons l'exploitation des forêts ; cette exploitation peut s'exercer sur les deux tiers de la surface de l'île et en outre qu'elle aura l'avantage de déblayer le terrain pour en tirer parti par la culture, elle procurera à l'exploitant de jolis bénéfices, car le marché des bois précieux prend tous les jours de l'importance et les prix sont toujours très bien cotés.

A l'exploitation des essences des forêts succédera forcément la culture du sol ; mais cette culture est sujette à diverses variations ; elle ne doit pas être partout la même, elle doit se trouver toujours en rapport avec la latitude et l'altitude du terrain qu'elle occupe. Ainsi, tandis que les céréales, l'orge et le maïs principalement, peuvent être cultivées avec grand avantage dans le sud de l'île et dans toute la région montagneuse, cette culture devient à peu près impossible dans toute la région du nord-ouest, parce que dans cette région la température, étant trop élevée, n'est pas en rapport avec les besoins de la végétation de ces plantes, mais, cette région donnera des récoltes abondantes, quand il s'agira de la culture de la canne à sucre, du caféier, du cotonnier, etc., toutes plantes qui exigent un degré de chaleur très élevé pour le développement de leur végétation. La culture du tabac pourrait également être pratiquée avec grand avantage sur tous les points de l'île depuis le nord jusqu'au sud.

Quant à la culture du riz, je ne conseille pas aux émigrants européens d'en essayer, parce que les miasmes pestilentiels qui se dégagent des rizières, peuvent avoir des effets funestes pour leur santé ; les colons feront donc bien de laisser la totalité de cette culture entre les mains des indigènes, c'est d'ailleurs à l'heure actuelle à peu près la seule culture dont ils daignent s'occuper, parce que c'est celle-là qui leur fournit le seul aliment dont ils font usage. Cependant, pour être juste, je dois faire une exception envers quelques points du plateau de l'Imérina, où l'élément indigène, sous l'impulsion de l'influence anglaise, se livre à la culture de l'orge et du maïs et a mis en valeur une centaine de kilomètres carrés de terrain.

Des diverses branches d'exploitation agricole que je viens d'énumérer, il convient de passer à l'exploitation des mines, car, si ce n'est, comme nous l'avons dit en parlant des richesses minérales de l'île, quelques gisements aurifères et quelques mines de cuivre déjà en exploitation, on pourrait dire qu'il reste tout à faire sur ce point, et l'avenir pourrait bien nous réserver de grandes surprises, quand un nombre suffisant de fouilles et de sondages auront été exécutés sur tous les points de l'île de Madagascar; car, qui sait, s'il n'existe pas des gisements de houille inépuisables, dans ce pays aux forêts séculaires, des mines de fer et d'autres métaux utiles aux arts et à l'industrie, en dehors de ceux qui ont été découverts déjà ? Quel est celui qui, aujourd'hui, pourrait parler, en connaissance de cause, des trésors que cette grande île, déjà si riche par sa végétation, renferme dans son sein?

De l'impulsion donnée aux entreprises agricoles et industrielles et à la colonisation, dépendra forcément le développement des voies de communication. Ici encore, il reste tout à faire ; comme nous l'avons dit déjà il n'existe pas une route, pas un kilomètre de chemin de fer. Ce sont encore là autant d'entreprises où les capitaux et l'industrie française pourront se donner libre cours et tout en réalisant des bénéfices, ils auront bien mérité des colons et des émigrants, car ils seront pour beaucoup dans la mise en rapport des terrains de l'intérieur de l'île.

Ceci est dit pour l'emploi des capitaux; parlons maintenant du colon proprement dit.

Conditions que doit réunir le colon émigrant
à Madagascar.

En ne tenant pas compte des mines, ni des grands établissements industriels ou agricoles succeptibles de se créer à Madagascar, mais pour la réalisation desquels il faut de grands capitaux, le seul but vers lequel le colon émigrant actuellement et isolément à Madagascar, doit diriger ses travaux, c'est la culture du sol, parce quelle aura l'avantage de lui faciliter plus vite et plus économiquement les moyens d'existence, et aussi parce qu'il rentrera plus vite dans ses avances; car, il ne faut pas se le dissimuler, il faut toujours quelques avances, et quelque minime qu'il soit, il n'est pas de colonisation possible sans capital, pas plus à Madagascar qu'ailleurs.

Dans le cas où le colon débutant se disposerait à suivre nos conseils, nous lui disons qu'il faudra d'abord choisir un terrain facile à débarrasser des plantes incultes et sauvages qui le couvrent et il devra, autant que possible, s'établir dans le voisinage des villes du littoral, et surtout de celles où l'autorité française sera représentée : cela, tout en lui donnant plus de sécurité, lui facilitera ses relations commerciales et l'écoulement de ses denrées.

Aux colons partant directement de France, je conseille de ne se livrer qu'aux cultures suivantes : le maïs, l'orge, le blé, le tabac; le cas échéant, ils pourront aussi essayer la culture de la vigne, qui y est déjà importée, la culture du lin et de la luzerne, toutes plantes, dont la culture leur est déjà connue depuis longtemps et qu'ils auront certainement pratiquée avant leur départ, et dont la culture sera toujours à peu près telle qu'ils la connaissent, sauf quelques modifications dues au climat ou à la nature du terrain, mais qui seront bien vite reconnues par la pratique. Par contre, il serait téméraire de se livrer au moins en arrivant à la culture de la canne à sucre, du caféier, du cotonnier et autres plantes exotiques. Si le colon français doit se livrer à la culture de ces plantes, ce ne sera que plus tard après s'être rendu compte par lui-même des moyens de culture nécessaires et des soins spéciaux qu'exigent chacune de ces plantes en particulier ainsi que des profits qu'il pourra en retirer.

Désignation et estimation du matériel à emporter par le colon.

Le colon émigrant à Madagascar devra être très circonspect, quand il s'agira au départ de l'achat des outils et ustensiles qu'il devra emporter avec lui et il ne devra en aucun cas dépasser le strict nécessaire pour le début de l'exploitation, car il faut être sur place et avoir pratiqué déjà pour bien apprécier le genre d'outils dont on aura besoin, et quand on possède les instruments et outils nécessaires au premier genre d'exploitation, qui, sans contredit, sera le défrichement, il sera toujours loisible de faire venir les outils que la nature du sol et le genre de culture auront fait reconnaître d'un usage utile.

Voici d'ailleurs les seuls outils qui me paraissent être d'une absolue nécessité au début. Ce sont : deux charrues, une forte pour les défrichements, et une plus faible, et par conséquent plus maniable, pour les labours subséquents ; deux herses articulées en fer, de force inégale, un rouleau en fonte, houes et pioches, quelques pièces de rechange, et les outils nécessaires pour le montage et le démontage de ces divers instruments ; il ne faudra pas oublier non plus de se munir de serpes, haches, faux, scies, marteaux, clous, etc., ce sont les premiers instruments que tout colon trouve à employer en arrivant.

Le colon devra penser aussi à se munir des ustensiles de ménage qui lui seront nécessaires, il devra donner la préférence à la vaisselle de fer émaillé, pour éviter la casse.

Il lui faudra aussi des semences, mais ici nous allons lui renouveler le conseil que nous lui donnions en parlant des instruments aratoires, c'est de n'en emporter qu'une quantité très limitée, et en voici la raison, c'est que, d'abord, les travaux de défrichement n'iront pas tout seuls et que, la première année, il ne sera pas possible de livrer une grande surface à la culture. En second lieu, c'est que les plantes qu'il cultivera là-bas ne s'acclimateront peut-être pas toutes avec la même facilité et qu'en en essayant la culture sur une faible étendue de terrain, on sera moins sujet à des déceptions, qui seraient d'autant plus à redouter qu'elles se produiraient au moment le plus critique pour le colon. D'ailleurs, en agissant ainsi, il pourra dès la deuxième année donner plus d'extension aux plantes dont il aura reconnu les mérites et dont il aura retiré les plus forts rendements, tant au point de vue de la culture qu'à celui du commerce. Quelques graines potagères lui seront également nécessaires.

Quant aux animaux, dont il devra se prémunir au départ, il faut, en premier lieu, un cheval, animal très rare à Madagascar, et pourtant indispensable au colon pour faire ses courses. Quant aux bœufs, on en trouvera de bien dressés à Madagascar, et à un prix dérisoire ; on pourra les utiliser au besoin comme bêtes de somme, et surtout comme bêtes de trait, pour les besoins de la culture. Mais, la race n'en ayant jamais été améliorée, ce serait aller à l'encontre du bon sens que d'en essayer la multiplication dans le but de l'élevage. On ferait donc bien d'emmener une ou deux vaches de bonne race française, avec un jeune taureau.

Dans ce pays, souvent montagneux et accidenté, l'élevage du mouton est tout indiqué ; d'ailleurs, n'ayant besoin pour vivre que des produits naturels du sol et étant d'une surveillance facile, il ne coûterait ni grands soins ni grande dépense, et la vente de sa laine fournirait un bénéfice qui ne serait pas trop à dédaigner ; il en existe un assez grand nombre à Madagascar, on pourrait s'en procurer pour presque rien, mais, si leur chair est assez succulente, leur laine n'a rien des qualités qui la font rechercher du commerce. Un couple de moutons de bonne race française ou anglaise ne serait peut-être pas superflu ; en tout cas, cela n'est pas non plus d'une absolue nécessité.

Quant aux meubles à emporter, à part quelques effets de literie, on ne devra rien emporter du tout ; à l'arrivée, le colon aura vite fait de transformer les malles et caisses qui auront servi à l'emballage des diverses marchandises, en armoires, tables, chaises, etc.

Les habits également ne devront pas être emportés en trop grand nombre, car ceux qui ne servent pas sont rapidement détruits par les insectes. Une ou deux paires de bonnes chaussures de cuir ne seront pas à dédaigner, elles seront même nécessaires et d'un grand service, pour les courses et les travaux.

Maintenant, il s'agit de savoir quelle serait la dépense occasionnée par ces divers achats, et quelle serait la somme strictement nécessaire pour aller coloniser à Madagascar ; c'est ce que va nous apprendre le tableau suivant :

Instruments agricoles, 500 fr., ci	500	»
Ustensiles de ménage et de laiterie, 60 fr., ci.	60	»
Semences et graines potagères, 500 fr., ci . .	500	»
Animaux, (cheval, bœufs et moutons), 1.800 f., ci	1800	»
Vêtements et lingerie, 140 fr., ci . . .	140	»
Nourriture du personnel pendant un an, 500 f., ci	500	»
Transport du personnel et du matériel, 500 fr., ci	500	»
Total	4000	»

Dans ces chiffres, qui sont tous réduits au strict minimum, je ne compte pas encore la location du terrain, qui pour une étendue de 50 hectares, pourrait s'élever en moyenne à 500 fr.; mais, pour cette somme, le colon pourra s'arranger de façon à ne payer le loyer qu'après la première récolte.

Comme on le voit par ce qui précède, malgré toutes les richesses de l'île et les avantages incomparables qu'elle offre au point de vue de la colonisation, il serait de toute imprudence d'émigrer à Madagascar, sans disposer d'un capital de 4.000 à 8.000 fr. minimum. Avec ce capital, tout colon a droit de songer à une situation prospère et à l'abri du besoin, dans un avenir relativement peu éloigné, mais à la condition toutefois, qu'il soit doué d'esprit d'initiative, sobre et travailleur. Il est à remarquer aussi que la famille ne doit pas être trop nombreuse en arrivant, surtout si celle-ci est composée de jeunes sujets, qui nécessitent un plus grand nombre de soins et un appoint de nourriture qui ne saurait être compensé par leur travail. Deux ou trois personnes robustes et ne craignant pas leur peine seront plus que suffisantes pour mettre en œuvre le capital indiqué ci-dessus.

FIN

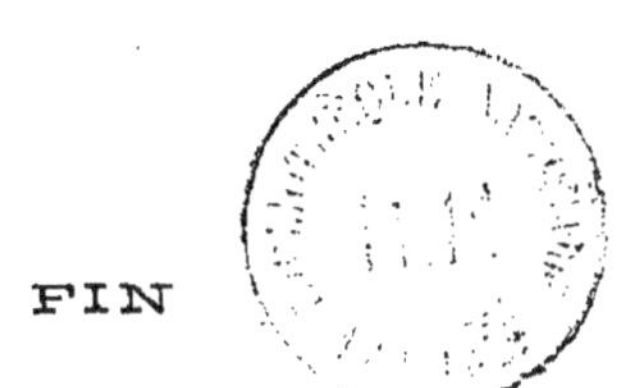

Lille.—Imp. Lefebvre-Ducrocq

160